詩經廣詁　國風

敬躋堂經解
桐城徐璈輯錄

王第六

左傳襄公二十九年吳公子札觀于周樂爲之歌王曰美哉思而不懼其周之東乎蘇轍曰平王東遷其風及於境內而不能被天下與諸侯比矣　黃櫄曰黍離之爲國風以其詩體之爲風也平王東遷其詩乃東土之音也故曰王國風

服虔曰王室當在雅衰微而列在風故國人猶尊之故稱王猶春秋之王人也吳世家引左傳注

張晏曰申侯與戎共伐周敗于驪山下遂殺幽王平王東徙都成周是爲王風漢書敘傳注

江熙曰平王東遷王政不行于天下風俗與諸侯同其詩不能復雅而列爲國風穀梁傳僖公十四年注

王通曰王國之有風天子與諸侯夷乎誰居幽王之罪也故始之以黍離于是雅道息矣文中子王道篇

柳冕曰古之作者因治亂而感哀樂因哀樂而爲咏歌因咏歌而成比興故大雅作則王道盛矣小雅作則王道缺矣雅變風則王道衰矣詩不作則王澤竭矣文粹七十九

黍離三章

韓詩曰黍離伯封作也御覽四百六十九八百四十二同

曹植曰昔尹吉甫信後妻之讒而殺孝子伯奇其弟伯封求而不得作黍離之詩詩攷　按陳思王集令禽惡鳥論曰昔尹吉甫用後妻之說殺孝子伯奇後悔追傷伯奇出遊于田見伯勞鳴于桑其聲噭然吉甫動心乃顧謂曰伯勞乎是吾子棲吾輿非吾子飛勿居鳥尋聲而棲于蓋吉甫遂殺後妻以謝之

劉向曰衞宣公之子壽閔其兄之且見害作憂思之詩黍離之詩是也新序節士篇王應麟曰其說蓋本于魯詩洪邁曰齊詩以黍離爲衞公子壽閔其兄伋憂思而作容齋四筆

劉孝標曰周大夫見禾黍而悲感文選陸機連珠注

彼黍離離彼稷之苗

韓詩傳曰離離黍貌也詩人求亡不得憂懣不識于物視彼黍離離然憂甚之時反以爲稷之苗乃自知其憂之甚也御覽四百六十九

薛君曰詩人求己兄不得憂不識物視彼黍乃以爲稷御覽八百四十二

賈公彥曰彼黍離離物生曰離周官疏

呂向曰離離分布貌文選二京賦注引詩

佩觿彼黍穡穡按廣韻穡穡黍稷行列也龍龕手鑑穡穡黍稷垂也穲穲黍行列也是字又作穲矣

行邁靡靡

呂延濟曰靡靡漸進也文選王瓚詩註引詩

玉篇行邁𢕟𢕟

中心搖搖

衆經音義憂心愮愮敹按釋訓愮愮憂無告也定本作搖如國策心搖搖如懸旌是驚憂無定之義與雅訓不相應此所引當爲三家本毛借字也

范甯曰孔子就太師而正雅頌因魯史而修春秋列黍離于國風齊王德于邦君所以明其不能復雅政化不足以被羣后也穀梁傳注

韓詩外傳魏文侯封太子擊于中山三年倉唐奉晨

鼂北犬往見文侯文侯曰中山之君亦何好乎對曰好詩文侯曰于詩何好曰好黍離與晨風文侯曰黍離何哉對曰知我者謂我心憂不知我者謂我何求悠悠倉天此何人哉文侯曰怨乎曰非敢怨也時思也 御覽七百七十掫按外傳引詩之意亦以父子言

北史魏孝文帝幸洛陽周巡故宮基跡帝顧謂侍臣曰晉德不修荒毀至此遂詠黍離之詩爲之流涕 本紀

南史顏延之爲豫章公世子行參軍武帝有宋公之授府遣延之慶殊命行至洛陽周視故宮室盡爲禾黍淒然咏黍離篇 本傳

陸機論曰麥秀無悲殷之思黍離無閔周之感 辨亡論下

向秀賦曰歎黍離之愍周兮悲麥秀于殷墟 文選懷舊賦

潘岳賦曰徘徊桂宮惆悵柏梁髦雉雊于臺陂狐兔窟于殿旁何黍苗之離離而余思之芒芒 文選西征賦

後魏楊衒之序曰余因行役重覽洛陽城郭崩毀宮室傾覆牆被蒿艾巷羅荊棘遊兒牧豎躑躅于九逵農夫耕稼藝黍于雙闕麥秀之感非獨殷墟黍離之悲信哉周室 洛陽伽藍記

君子于役 二章

班彪賦曰日晻晻其將暮兮覩牛羊之下來寤怨曠之傷情兮哀詩人之歎時 文選北征賦 豐氏曰此戍申者之妻所作

雞棲于塒

郭璞曰今寒鄉穿牆棲雞 爾雅鑿垣而棲爲塒注

羣經音辨雞棲于時 詩攷

羊牛下來

文選註牛羊下來王質曰雞牛羊郊所象田野人家向暮多如此

曷其有佸

韓詩曰佸至也釋文

說文曰曷其有佸佸會也

雞棲于桀

文選劉楨詩暮坐括揭鳴李善注雞棲于杙爲桀揭與桀古義同也劉良注揭雞棲木也段曰桀廣韻作榤

君子陽陽二章

熊安生曰平王微弱路寢不復如明堂也儀禮疏引熊氏解由房句以此爲平王時詩也顧棟高曰此伶官不得志之詩與簡兮詩人相類

右招我由房

劉光伯曰由房謂路寢下之燕寢故有房也禮記疏顧棟高曰

古者宮室之制前堂之房與後寢相値正祭時設樂于堂上至後寢燕同姓乃移樂由房以人寢此招我由房所由來也次章云由敖敖爲舞位前章說聲次章說容也王夫之曰房房中樂關雎之三合鵲巢之三也敖通鶩周禮九夏之鶩夏也錢澄之曰婦人禱祀于房中高祖唐山夫人有房中樂徐與喬曰春官磬師教燕樂之鐘磬注燕樂房中之樂也陽陽君子其磬師之流歟按左傳晉侯賜魏絳女樂二八房中者女樂之所陳以君子而執簧執翿于其間所謂獶雜子女而不知其非古矣又列女傳曰女樂俳優縱橫大笑郎詩之陽陽陶陶其樂只且者耶

君子陶陶

薛君章句曰陶暢也文選七發後漢書杜篤傳注

左執翿

許慎曰翿翳也所以舞也說文引詩

揚之水三章

竹書紀年平王三十三年楚人侵申三十六年王人戍申

揚之水

藝文類聚楊之水不流束蒲按歐引此詩而列之于楊類舉則字部與東門之楊實從木不得同于激揚之訓矣又按元和姓纂晉出公遜于齊生伯僑歸周天子封爲楊侯一云周宣王曾孫封楊爲晉所滅是楊爲周畿內之地其所出有逹川之水故因以目之詩人郎所見以起興歟

不與我戍申

韓詩曰戍舍也釋文戍申竹書紀年平王三十六年王人歐陽修曰彼其之子謂他諸侯國人不與其戍也郝敬曰寄生之天子旣不能令于諸侯而六百里之甸卒又無人可爲踐更故行者有不均之歎耳

曷月予還歸哉

文選注曷月余旋歸哉

中谷有蓷三章

皇甫謐曰平王時王室微弱詩人怨而爲刺自黍離至中谷有蓷五篇是也帝王世紀

中谷有蓷

韓詩曰蓷茺蔚也釋文又曰益母也陸璣疏

暵其乾矣

說文曰𤅊其乾矣𤅊水濡而乾也段玉裁曰𤅊兼濡與乾言之毛作暵非

暵其脩矣

釋文暵其蓨矣

條其歗矣

藝文類聚條其嘯矣范處義曰歗甚于歎泣甚于歗

啜其泣矣何嗟及矣

韓詩惙其泣矣外傳二璈按淮南原道篇其爲悲不惙惙高誘註惙惙爲其傷性也則惙爲悲憂之甚韓家從心蓋斯義矣

韓外傳曰內疎而外親不亦反乎身不善而怨他人不亦遠乎患至而後呼天不亦晚乎詩云云

劉向曰不愼其前而悔其後雖悔無及矣詩云云言不先正本而成憂于末也新序

兔爰 三章

皇甫謐曰桓王失信禮義陵遲男女淫奔讒僞並作九族不親故詩人刺之自兔爰至大車四篇是也帝王世紀

有兔爰爰

韓詩曰爰爰發蹤之貌也眾經音義　按爰爰毛解爲緩緩以聽政緩急申之于義似迂韓訓發蹤謂其行之敏疾也葢雉耿介而麗于網羅兔狡疾而免于機陷亦君子小人之分矣　蘇轍曰世亂則輕狡之人肆而耿介之士常被其禍也

漢書注有菟爰爰

雉離于罦

說文曰雉離于罦罦覆車也

郭璞曰罦今之翻車大網也釋文

尚寐無覺

白帖尚寢無覺二十四

雉離于罿

韓詩曰施羅于車上曰罿釋文

薛君注曰張羅車上曰罿御覽八百三十三

葛藟 三章

杜預曰葛藟詩取以喻九族兄弟左傳文公七年注

崔靈恩曰刺桓公之詩釋文　正義曰皇甫士安亦以爲桓王之詩

緜緜葛藟在河之滸

毛詩題綱曰葛藟一名燕薁藤好生河邊得水潤而長喻王九族宜蒙恩惠以育子孫今王無澤于族人不如葛藟生河滸邊也御覽九百七十四

左傳宋樂豫曰公族公室之枝葉也若去之則本根無所芘蔭葛藟猶能芘其本根故君子以爲比文公七年

漢書薛宣曰鄉黨闕于嘉賓之懽九族忘其親親之恩飲食周急之厚彌衰送往勞來之禮不行夫人道不通則陰陽否鬲和氣不興未必不由此也本傳

采葛 三章

應瑒曰蕭艾之歌發于忠宿報麗惠恭書藝文類聚二十一按應書云蕭艾之歌發于忠宿子衿之思起于嗣音兒實三載能不有懷則此詩爲離友懷人之作殆亦三家舊指與

庾信詩曰避讒應采葛本集璈按一日不見鄭孔皆以不見君爲說此詩云避讒則似託爲采蕭葛而行以不見讒娼之人爲幸亦見機而作之義也日札曰賢者見棄而思君之作也

彼采蕭兮

顏師古曰齊書太祖云詩人采蕭蕭即艾也按爾雅蕭一名萩是香蒿古之祭祀所用艾一名冰臺今之用灸病者名既不同稱類區別齊高謬談子顯不當著于史籍匡謬正俗張彩曰楚辭云何昔日之芳草兮今直爲此蕭艾也義蓋本此詩

如三秋兮

陰陽五行書曰一時皆三月一月爲一秋三月爲三秋又以一月爲三秋故三月有九秋之名也御覽二十五

張纘離別賦曰理棹江干攬涕還望采蕭之詠不覺成篇藝文類聚二十璈按此所引詩亦以別離言有同應瑒之指也

大車 三章

列女傳楚伐息虜其君將妻其夫人而納之于宮夫人出見息君曰人生要一死而已何至自苦妾無須臾而忘君也終不以身更貳醮生離于地上豈如死歸于地下哉乃作詩曰穀則異室死則同穴謂予不信有如皦日郝懿行曰穀生也以詩爲息夫人作亦魯詩說也遂自殺何楷曰左傳隱十年鄭息有違言息侯伐鄭君子以息爲不親親則息侯爵姬姓也其詩無所附或因其爲周同姓之國姑繫之王風與

大車檻檻

王逸曰檻檻車聲楚詞注引詩郝敬曰大車役車也

白帖大車轞轞五經文字轞車聲詩風借檻字爲之古義國語管仲檻車至齊說文檻櫳也徐云古謂檻車息爲楚滅君與夫人皆被虜載以檻車故重言檻檻耳

毳衣如菼

說文曰毳衣如緂緂帛騅色也又廣韻同

郭璞曰菼草色如騅在青白之間爾雅注引詩陳祥道曰菼色元言其衣璊色赤言其裳鄭氏說凡冕服皆元衣纁裳也

大車啍啍

廣韻曰大車啍啍重遲貌

毳衣如璊

說文曰毳衣如璊以毳爲罽色如虋故謂之璊虋禾之赤苗也沈括曰詩毳衣如璊璊色在朱黃之間似赭非赭字從玉以其赭而澤也陸佃曰毳冕王命朝祭之服非以聽訟說文引詩作緂又云以毳爲罽別是一服非毳冕也

穀則異室死則同穴

裴松之曰禮上古無合葬中古後因時方有蜀志章武二年請尊皇思夫人爲昭烈皇后且合葬詔引詩穀則異室死則同穴裴注云

劉孝標曰穴壙中墟也世說引詩註

有如皦日　世說郗嘉賓喪兄弟欲迎妹還終不肯歸曰生縱不得與郗郎同室死寧不同穴

鄭康成曰盟神必云日月者尙著明也　燕禮注引詩

韓詩有如〈皎〉日　文選注列女傳皎同

丘中有麻　三章

將其來施施

顏之推曰傳箋韓詩皆重爲施施江南本單爲施恐誤　家訓　臧琳曰顏說書江南者多善本則此之悉單爲施不得據河北本以疑之經傳每止文一字釋者重文如肅雝洸潰噂沓之類皆重申之所謂長言之也

將其來食

七經考文〈其〉將來食

彼留之子

古義公羊傳古者鄭國處于留鄭伯取鄶遷鄭焉而野留孟康曰留鄭邑羅泌曰留陶唐後之國妘姓　惠士奇曰地理志劉聚周大夫劉子邑劉郎留也水經注劉氏聚三面臨澗在緱氏西南周畿內劉子國詩所謂邱中也

貽我佩玖

說文曰玖石之次玉黑色者　引詩　徐氏曰四愁詩云美人贈我金琅玕何以報之雙玉盤騷人之詞源流于風

王國十篇二十八章

詩經廣詁　國風

詩經廣詁　國風　　敬躋堂經解

桐城徐璈輯錄

鄭第七

左傳吳公子札觀于周樂爲之歌鄭曰美哉其細已甚民弗堪也是其先亡乎襄公二十九年

漢書河南郡新鄭注詩鄭國鄭桓公之子武公所國地理志

許慎曰鄭詩二十一篇說婦人者九篇故鄭聲淫也五經異義樂記疏周禮注淫聲若鄭衛也賈疏鄭除緇衣之詩說婦人者九篇

傅毅曰咸池六英所以陳清廟協神人也鄭衛之樂所以娛密坐接歡欣也文選舞賦序

成伯瑜曰平王東遷晉鄭是依鄭武公有功于王室故次王風毛詩指說

緇衣三章

禮記緇衣子曰好賢如緇衣則爵不瀆而民作愿

孔叢子孔子曰於緇衣見好賢之心至也記義篇嚴粲曰詩詠好賢多矣獨舉緇衣以其至者言也

潘岳賦曰入鄭都而抵掌義桓友之忠規世善職于司徒緇衣敝而改爲文選西征賦輔廣曰犬戎之逼父死其難東都之遷子定其鼎當時列侯之賢未有過于桓武者也

緇衣之宜兮

鄭康成曰緇布衣積素爲裳諸侯以爲視朝之服又曰染纁三入而成再染以黑則爲緅復再染以黑則爲緇周官注引詩

適子之館兮

賈公彥曰外有九室九卿治之宮正所謂次也周官疏引詩

緇衣之蓆兮

韓詩曰蓆儲也釋文 按釋詁蓆大也韓解雖異雅訓而同于說文蓋宜言其稱好言其美蓆則言製備之多故義著于末章矣

許慎曰蓆廣多也說文引詩

左傳襄公二十六年晉侯享鄭伯晉侯賦嘉樂子展相鄭伯賦緇衣

將仲子 三章

仲可懷也人之多言亦可畏也

韋昭曰仲祭仲也懷思也言雖欲從心思仲猶能畏人自止晉語引詩注 居易錄祭仲有殺段之謀詩人設爲莊公拒祭仲之辭以公論感悟之也

左傳襄公二十七年齊侯鄭伯爲衛侯故如晉國子賦轡之柔矣子展賦將仲子兮晉侯乃許歸衛侯吳肅公曰子展賦此取兄弟相護之意則豈淫奔語乎

叔于田 三章

左傳鄭武公娶于申曰武姜生莊公及共叔段愛共叔段欲立之亟請于武公公弗許及莊公卽位爲之請制公曰制巖邑也他邑唯命請京使居之謂之京城太叔隱公元年 王士禛曰此詩當是叔段黨羽嬖倖之屬造作以愚國人者漢淮南王之伍被左吳明宸濠之李士實劉養正亦其類也

洵美且仁

漢隸碑〔洵〕美且仁隸釋

叔適野

韓詩曰鄙野之人僻陋無心也文選注三

大叔于田三章

匡衡曰鄭伯好勇而國人暴虎　顏師古注鄭風大叔于田之篇言以莊公好勇之故大叔空手搏虎取而獻之漢書本傳　范祖禹曰詩人言叔多才好勇而得衆心以深咎莊公之于段欲稱其惡而斃之也

執轡如組

王逸曰織組者動之于此而成文于彼善御者亦動之于手而盡馬力也楚詞九懷注引詩

兩驂如舞

薛君曰兩驂左右曰騑驂文選曹植詩注

高誘曰四馬車兩馬在邊爲驂呂氏春秋注引詩

家語兩驂如儛

孔叢子曰以禮齊民譬之御則轡也以刑齊民譬則鞭也執轡於此而動於彼御之良無轡而用策則馬失道矣古之善御者執轡如組兩驂如舞非策也刑論篇

叔在藪

韓詩曰禽獸居之曰藪釋文　按說文藪大澤也孟子沛澤多而禽獸至故曰禽獸居之也

賈公彥曰藪澤禽獸之府澤無水曰藪澤若無水不得田獵周官疏引詩

火烈具舉

文選注火列具舉箋列人持火字本爲列

襢裼暴虎

說文膻裼暴虎　水經注袒裼暴虎

將叔無狃戒其傷女

顔師古曰狃忕也女太叔也國人愛叔故謂之曰勿忕爲之恐傷女也漢書匡衡傳注

兩服上襄

高誘曰四馬車兩馬在中爲服呂氏春秋注引詩

史記索隱兩服上驤禮記疏同

叔善射忌

集韻曰忌語已詞或作惎己其引詩

乘乘鴇

釋文乘乘䲰廣韻同五經文字鴇見爾雅驪白雜毛也

抑釋掤忌

詩義問曰掤所以覆矢也謂箭筩蓋北堂書鈔百二十六

陸德明曰掤馬云櫝丸蓋也杜云櫝丸箭筩也釋文按方言所以藏箭弩謂之櫝丸

清人三章

左傳鄭人惡高克使帥師次于河上久而弗召師潰而歸高克奔陳鄭人爲之賦清人閔公元年閻若璩曰此與載馳碩人黃鳥傳語即詩之序也

易林曰清人高子久屯外野逍遙不歸忘我慈母師之睽

杜預曰清人刺文公退臣不以道也左傳注又何休公羊傳解詁與詩序同不具錄

清人在彭

酈道元曰清池水出清陽亭南平地東北流逕亭南東流即故清人城也彭爲高克邑水經注引詩　王質曰臨河名清者甚多鄭以爲清陽亭也又左傳衛侯甯喜盟于彭水之上鄭衛相近彭或是此

駟介麃麃

七經考文駟介驫驫

二矛重喬

韓詩曰二矛重鷮鷮雉名釋文　范家相曰重鷮者重施雉羽于矛之室題也汪龍曰箋釋喬爲雉羽蓋從韓義

沈重曰重喬謂兩矛之飾相負荷也釋文

河上乎逍遙

釋文河上乎消搖五經文字曰說文有不備者求之字林若逍遙之類　徐鉉曰詩只用消搖

左旋右抽

說文曰左旋右搯搯搯也又曰搯者拔兵刃以習擊刺

羔裘三章

洵直且侯

韓詩曰侯美也釋文　嚴粲曰充實之謂美也

韓詩外傳恂直且侯爾雅義疏恂方言信也韓本字毛借作洵

舍命不渝

劉向曰非至仁孰能以身試也說苑引詩

王肅曰舍受也釋文

韓詩外傳舍命不偷按偷苟且也傳曰其諸偷

彼其之子

左傳彼己之子 又漢書注晏子同考文云古本作己三章皆同

邦之司直

顏師古曰言其德美可主正直之任也 漢書蓋寬饒傳贊引詩註

晉書詔曰元志在公當官而行可謂邦之司直矣 李熹傳

三英粲兮

毛詩拾遺曰英謂古者以素絲英飾裘卽上素絲五紽也 初學記二十六 璥按廣雅粲文也盡飾見美昭其文也古義詩中舍命司直疑美叔詹之事三英蓋三良也

左傳鄭六卿餞宣子于郊子產賦鄭之羔裘宣子曰起不堪也 杜注不堪國之司直 昭公十六年

遵大路 二章

李善曰言道路逢子之美願攬袂與俱歸也 文選宋玉賦注

摻執子之袪兮

薛章句曰袪去也 文選殷仲文詩注 曹粹中曰申公白生強起穆生曰獨不念先生之德歟卽此詩欲留君子之意

無我魗兮

說文曰無我敼兮敼棄也 復古編別作魗非

不寁故也 不寁好也

釋文不寁故兮 不寁好兮

雞鳴 三章

易林曰雞鳴同興思配無家執佩持鳧莫使致之 豐之艮

錢澄之曰此女之不欲士仕有偕隱終焉之意

弋鳧與鴈

鄭興曰結繳于矢謂之矰矰高也茀矢象焉二者皆可以弋飛鳥周官注引詩

詩義問曰弋以繳繫矢而射御覽八百三十二

李華曰婦人無自專之禮主酒食待賓客而已詩云將翱將翔弋鳧與鴈此主酒食待賓客之儀也文粹九十

琴瑟在御莫不靜好

白居易曰君子之近琴瑟以儀節也非以慆心也六帖

雜佩以贈之

韓詩傳曰佩玉上有葱衡下有雙璜衝牙蠙珠以納其間周禮天官疏

蔡謨曰佩者服用之稱珮者玉器之名稱其服用則從人名其器則字從玉毛詩疑字義初學記

嚴虞惇曰來贈韻未詳集註俱叶入聲恐非葉酉曰當爲貽字之譌璈按貽與來爲韻王風貽我佩玖言貽與此同也

有女同車二章

史記周桓王三十八年北戎伐齊齊使求救鄭遣太子忽將兵救齊齊釐公欲妻之時祭仲與俱勸使取之忽謝曰我小國非齊敵也鄭世家按鄭詩二十一篇序謂刺忽者六篇惟此篇兩言孟姜證以左史要爲明著矣左傳桓公六年北戎伐齊鄭太子忽帥師救齊齊侯欲以文姜妻太子忽辭人問其故太子曰人各有耦齊大非吾耦也在我而已大國何爲又十一年傳鄭昭公之敗北戎也齊人將妻之昭公辭祭仲曰必取之君多內寵子無大援將不立三公子皆君也弗從

顏如舜華

說文曰顏如蕣華蕣木槿朝華暮落者呂覽注文選注並作蕣

高誘曰木槿樹高五六尺其葉與安石榴相似華可用

作蒸雜家謂之朝生一名舜詩云云淮南子時則訓注

潘尼曰朝菌者蓋朝華而暮落世謂之木槿或謂之日及詩人以爲舜華其物向晨而結建明而布見陽而盛終日而殞朝菌賦序藝文類聚八十九

將翺將翔佩玉瓊琚

李華曰婦人無自專之禮詩云云此奉舅姑助祭祀之儀也文粹九十璈按內則箴管槃袠事佩也玉爲德佩蓋初見舅姑及助祭祀亦佩之

洵美且都

璈按漢書司馬相如傳閑雅甚都張揖注甚得都士之節也韋昭曰都邑之容也師古注都閑美之稱也鄭風洵美且都不見子都都者美也愚謂都與野對文小雅詠其容不改以彼都言是兼有都邑之義也

史記集解〔恂〕美且都韻會同又左傳引作洵

佩玉將將

班固曰婦人佩其鍼縷亦佩玉也白虎通引詩

楚辭章句佩玉〔鏘〕〔鏘〕詩攷

左傳昭公十六年鄭六卿餞宣子子旗賦有女同車

山有扶蘇 二章

易林曰視暗不明雲蔽日光不見子都鄭人心傷蠱之比

徐幹曰時俗之所不譽者未必爲非也其所譽者未必爲是也詩云云山有扶蘇四句言所謂好者非好醜者非醜亦由私之所致也中論審大臣篇

山有扶蘇

徐邈曰山有扶蘇蘇木名集韻平一璈按晉書紀瞻曰先王搜敭仄陋使山無扶蘇之材則扶蘇爲成材之木有同徐義蓋扶蘇喬松之遺棄于山正以興賢才之遺棄于野也又按淮南說山曰以其所修而游不用之鄉譬若樹荷山上非其地則不見其良有類詩旨矣

佩觿山有扶蘇與扶持字別

不見子都

趙岐曰子都古之姣好者也孟子注引詩

韋昭曰子都鄭之美人文選上林賦注

楊倞曰漢書音義子都卽子奢鄭之美人詩云不見子都是也荀子成相篇注

山有橋松

陸德明曰山有喬松喬高也鄭作槁枯槁也釋文按鄭箋無恩澤是枯槁也然則詩本是喬箋改爲槁後又因槁誤爲橋矣盧文弨曰喬松毛作槁三家詩作橋王肅據三家以難鄭

隰有游龍

淮南子海閭生屈龍屈龍生容華高誘注屈龍游龍鴻

也詩云云墜形訓

爾雅疏隰有游龍

乃見狡童

孫毓曰狡好之童有貌無實者也正義錢大昕曰狡如佼好之佼非後世解爲狡獪也佼童是少年通稱非甚不美之名

蘀兮 二章

風其漂女

釋文風其飄女

左傳鄭六卿餞宣子于郊子柳賦蘀兮

狡童 二章

易林曰嬰兒駭笑未有所識狡童而爭亂我政事損之大畜

嚴粲曰狡童指忽所用之人即褰裳之狂童也何楷曰鄭人聞祭仲有立突出忽之謀而因以告之狡童指祭仲

使我不能餐兮

考文使我不能[湌]兮

[褰裳]二章

呂氏春秋晉人欲攻鄭令叔嚮聘焉視其有人與無人子產爲之詩曰子惠思我褰裳涉洧子不我思豈無他士叔嚮曰鄭有人子產在焉不可攻也壹行篇諸錦曰詩非子產所作其爲之猶賦之耳惠士奇曰此詩之義疏也

褰裳涉溱

釋文曰褰袴也或作[騫]

說文[攐]裳涉[潧]段玉裁曰詩本作溱與人爲韻孟子外傳並同說文及水經作潧誤

狂童之狂也且

玉篇曰狂[僮]之狂也且僮幼迷荒者

左傳鄭六卿餞宣子于郊子太叔賦褰裳宣子曰起在此敢勤子至于他人乎子太叔拜宣子曰善哉子之言是不有是事其能終乎昭公十六年折中曰勤子至于他人言晉必急鄭不使復從楚也不有是事其能終乎言不鑒前人之狂惑後人未必能有終也詩以爲不守信義而輕于向背是狂童之狂耳戴震曰以左傳宣子之言推之涉溱涉洧奔告大國求恤己也狂童之狂國之權寵肆其狂謀也

[丰]四章

子之丰兮

陸德明曰丰面貌豐滿也方言作[妦]釋文

俟我乎堂兮

王肅曰升于堂以俟 正義

孫毓曰禮門側之堂謂之塾謂出俟于塾前 正義

陸德明曰堂門堂也鄭改爲〈棖〉 釋文

衣錦褧衣裳錦褧裳

賈公彥曰褧禪衣也以禪縠爲之中衣裳用錦而上加禪縠焉 儀禮疏引詩　江永曰衣錦褧衣夫人始嫁之服丰篇用之士庶僭也婦人服不殊裳故舉上下體言之

禮記注〈絅衣〉〈絅裳〉

東門之墠 二章

易林曰東門之墠茹藘在坂禮義不行使我心反 賁之鼎

按此詩如韓義蓋欲爲婚媾而未遂之詞

東門之墠

韓詩曰墠猶坦也 眾經音義　胡文英曰墠封國之社栗所樹木也

釋文東門之〈壇〉 正義云諸本皆作壇今定本作墠　段曰壇封土者墠除地也

其室則邇其人甚遠

梁書阮孝緒尉氏人中丞任昉欲往見之不肯乃歎曰其室雖邇其人何遠自是飲風者莫不歛衽望塵而息也 本傳　折中曰山林塵市若近若遠之間曠懷高渺與伊人在水一方同其幽致矣

後漢書酒泉太守馬岌求見宋纖不得銘曰丹崖百尺青壁千尋室邇人遠實勞我心 廣義曰玩易林與此銘是皆以此詩與杕杜緇衣同旨蓋謂賢人居鄭之東門非不可蹤跡之地君若臣莫能以禮致之室邇人遠非賢人之遠其君自遠之也　璈按文選蕭揚州薦王暕表曰居無塵雜家有賜書室邇人曠物疏道親亦用詩語擬其養素之高致也

東門之栗有踐家室

韓詩曰東門之栗有靖家室栗木名靖善也言東門之外栗樹之下有善人可與成為家室也太平御覽藝文類聚　瑑按茹蘆藘草以擬其貌也栗有齊慄意以言其德也如此之人固宜求為婚媾矣

薛君章句曰靖樂也御覽九百六十四

藝文類聚有靜家室按此引句亦韓義也

風雨　三章

劉孝標曰風雨急而不輟其音故善人為善豈有息哉

文選廣絶交論辨命論引詩風雨如晦雞鳴不已

風雨淒淒

說文曰風雨湝湝水流湝湝也一曰寒也集韻淒亦作湝

雞鳴膠膠

玉篇雞鳴嘐嘐姚炳曰膠說文訓眤陸解膠為固嚴解膠膠為擾雜皆未協瑑按蕭蕭者風雨之聲嘐嘐者雞鳴之聲顧所引當係三家本字毛借作膠耳

風雨如晦雞鳴不已

劉孝標曰雞善伺晨雖陰晦而不輟其鳴文選陸機連珠注

李周翰曰雞鳴不失其時雖風雨晦明而鳴不改文選劉孝標論引詩注

北史清河崔彤避地隴右遂仕西涼其子伯宗每慷慨有懷東土常歎曰風雨如晦雞鳴不已吾所庶幾本傳　毛奇齡曰南史袁愍孫峻于儀範廢帝倮之追之使走愍孫雅步如常顧而言曰風雨如晦雞鳴不已又呂光遺楊軌書曰何圖松柏凋于微霜雞鳴已于風雨又梁簡文自序云立身行己始終如一風雨如晦雞鳴不已非欺暗室豈況三光詩言君子有常雖處亂世而不改其度如此數事載之可感言之可思

左傳鄭六卿餞宣子子游賦風雨（昭公十六年）

子衿　三章

羊深曰鄭廢學校國風以譏（魏書本傳）

高允曰道肆陵遲學業荒廢子衿之嘆復見于今（魏書本傳）

青青子衿

顏之推曰古者領下達于衿故謂領爲衿曹大家列女傳注領交衿鄰下羣儒說云青衿青領是衣兩處之名皆以青爲飾用釋青青二字其失大矣（顏氏家訓　惠棟曰復古編紟衣系也別作衿非衿衽也別作襟非王伯厚云漢石經作子裣得之說文裣交衽也）

陸德明曰衿一作襟學子以青衣爲領緣衿也（釋文）

北史周武帝詔諸王子等咸服青衿行束修之禮受業于徵（斛斯徵傳）

悠悠我心

劉良曰悠悠憂傷之貌（文選四十三注引詩）

縱我不往子寧不嗣音

韓詩曰子寧不詒音詒寄也曾不寄問也（釋文）

薛收曰天子失道則諸侯修之諸侯失道則大夫修之大夫失道則士修之修之之道從師無常誨而無倦窮而無濫死而後已得時則行失時則止此先王之道所以續而不墜也古者謂之繼時詩不云乎縱我不往子寧不嗣音（文中子立命篇）

挑兮達兮

說文曰叏兮達兮叏滑也達行不相遇也（按辵部又引作挑兮達兮）

白帖挑達游墮也（八十九）

御覽挑兮〈撻〉兮

晉書泰寧中詔曰喪亂以來儒雅陵夷每覽子衿之詩爲之慨然虞喜傳

宋書永初三年詔曰學校荒廢講誦蔑聞後生大懼于墻面故老竊歎于青衿本紀

魏書任城王澄表曰學宮虛荷四門之名宗人有闕四時之業青衿之緒于茲將墜本傳又晉載紀魏跋下書國中日閭閻絕弦誦之音後世無庠序之教子衿之嘆復興于今

䟱按風雨青衿二詩魏晉以後引徵者更無他釋豈三家均同序說歟尋諷詞旨絕無邪僻之意而王柏詩疑輒斥爲淫奔之作欲附于重刪之列其亦誕而不經矣又按文選江淹詩劉良注曰子衿刺風俗輕薄而朋友之不相往來蓋亦以師友言無異解也

揚之水 二章

詩義折中曰勸睦也兄弟之不睦由人言間之也

出其東門 二章

班固曰鄭土陿而險山居谷汲男女亟聚會故鄭詩出其東門云云漢書地理志

顏師古曰言其衆多而往來不定漢書注引詩

有女如雲

縞衣綦巾

說文曰縞衣〈綥〉巾綥帛蒼艾色也綥巾未嫁女所服按此以所見聚會女子言有同班意不指爲喪亂者之室家也

聊樂我員

韓詩聊樂我〈魂〉 薛君章句曰魂神也文選東征賦舞賦注

釋文員一作云孔疏云員古今字 楊愼曰今之云字乃員之省文秦誓雖則員然石鼓文君子員獵皆云員

逝琡按廣雅員有也我有家室而無羨乎如雲之女者漢樂府所謂使君自有婦羅敷自有夫也

出其闉闍

許慎曰闉城內重門也（說文引詩）

孫炎曰闉闍積土如水渚所以望氣祥也（釋文）

匪我思且

陸德明曰且音〈徂〉爾雅云徂存也（釋文）

聊可與娛

釋文聊可與〈虞〉（范甯曰鄭自莊公以前不書于春秋又不言文公之入鄭忽之殺何乎徐邈曰案詩序及紀年鄭昭之後大亂五世事出紀傳而經所無殊多誠當有不告故不書者　穀梁傳注）

野有蔓草二章

韋昭曰國多兵役男女怨曠于是女感傷而思男故出游于溱之外托採芳香之草為淫泆之行也（毛詩答問　御覽九百九十四）

江淹麗色賦曰感蔓草于衛詩（衛當作鄭　藝文類聚十八）

野有蔓草零露漙兮

韋昭曰時草始生而云蔓者女情急欲以促時也（毛詩答問）

王肅曰草之所以能延蔓被盛露也民之所以能蕃息蒙君澤也（正義）

顏師古曰詩古本有水傍作專字亦有單作專後輒改之為漙字讀為團圓之團案字林雨下作專訓云露貌音上兖反此字本作〈[雨/專]〉上兖之音與婉相類

藝文類聚零露〈團〉兮（洪頤煊曰山井鼎考文並作團）

清揚婉兮

韓詩青揚婉兮　薛君章句曰青靜也文選射雉賦注

韓詩外傳青陽宛兮璣按文選洛神賦五臣注本引詩揚亦作陽李周翰曰清陽眉目之閒也

玉篇清揚婉兮集韻同臧琳曰婉韓詩經字也

家語孔子之郯遭程子韓詩傳作程木子于途傾蓋而語終日甚相親顧謂子路曰取束帛以贈先生子路屑然對曰由聞之士不中間見女嫁無媒君子不以交禮也有間顧謂子路曰由詩不云乎野有蔓草零露漙兮有美一人清揚宛兮邂逅相遇適我願兮今程子天下賢士也于斯不贈則終身弗能見也小子行之致思篇韓詩外傳說苑同　范家相曰家語外傳之言雖非專以釋詩然以美人爲賢以邂逅爲道路相値非必如序說男女期會也不然子䕫子太叔之所賦趙孟韓起何以亟稱之乎　吳肅公曰蔓草爲朋友期會之詩

璈按江淹雜體詩云既傷蔓草別方知杕杜情杕杜謂唐風杕杜願君子之來游適我也而蔓草言別者其謂別離之久而邂逅卒然遇之爲可喜歟蓋亦韓家之義也

左傳襄公二十七年鄭七子從鄭伯享趙孟于垂隴子太叔賦野有蔓草趙孟曰吾子之惠也

又昭公十六年鄭六卿餞宣子于郊子䕫賦野有蔓草宣子曰孺子善哉吾有望矣姜炳璋曰觀家語左傳之所賦則有美一人皆指賢人也

溱洧二章

韓詩曰溱與洧說人也鄭國之俗三月上巳文選注李周翰曰上巳日也于溱洧兩水之上執蘭招魂續魄祓除不祥也後漢書注宋書禮志初學記太平御覽藝文類聚文選注並同　范家相曰暮春水渙男女聚相戲祓禊社交趾錯風

俗之弊自見言外韓家之說深得風人之旨矣

高誘曰鄭國淫僻男女相會于溱洧之上有詢訏之樂

勺藥之和 呂氏春秋注

溱與洧方渙渙兮

韓詩方洹洹兮 後漢書注 薛君注曰洹洹盛貌三月桃花水下之時至盛也 御覽三十漢書溝洫志注初學記同

水經曰洧水東過鄭縣南潧水從西來注之 酈注曰

鄶水出鄶城北逕賈復城西歷下田川又南縣流奔壑

崩注丈餘其下積水成潭淵深難測又南注于洧詩所

謂鄶與洧也 王玉樹曰詩定本作溱溱水出桂陽臨武與潧不同水經說文作潧爲正

漢書方灌灌兮 地理志注灌灌水流盛也

說文潧與洧方汍汍兮 釋文與顧炬曰汍是汍字又譌汍渙同聲也

士與女方秉蕑兮

韓詩內傳曰方秉蘭兮秉執也衆士與衆女方執蘭而祓除 漢書注御覽同 按韓既從以蕑爲蘭字而釋文又引韓詩云蕑蓮也此當緣澤陂詩誤入今正之

漢書曰方秉菅兮 顏注菅蘭也

士曰既且

陸德明曰且音徂徂往也 釋文 瑯按釋詁徂逝往也徂在存也蓋兩義此句下云且往觀乎宜從往訓也

且往觀乎

薛君章句曰詩人願與所悅者俱往觀也 後漢書注御覽同

洵訏且樂

韓詩曰恂盱且樂恂盱樂貌也 釋文漢書地理志註

漢書恂盱且樂 顏注曰恂信也盱大也謂仲春之月

二水流盛而士與女執芳草于其間以相贈遺信大樂矣惟以戲謔也地理志

之以勺藥

韓詩曰勺藥離草也言將別時贈此草也釋文

江淹別賦曰下有勺藥之詩璈按古今注云芍藥一名將離將別則贈以芍藥猶相招則贈以蘼蕪蘼蕪當歸也又稽古編董氏謂勺藥爲江蘺本草注蘼蕪芎藭江蘺三者同類而稍别然則將離即江蘺之轉贈招于以見意後世庾癸之呼遠志之答固亦原本風人矣

瀏其清矣

韓詩曰漻其清矣漻清貌文選南都賦注

後漢書注溜其清兮

鄭國二十一篇五十三章

詩經廣詁　國風　　敬躋堂經解

桐城徐璈輯錄

齊　第八

樂記師乙曰温良而能斷者宜歌齊　又曰齊者三代之遺聲也齊人識之故謂之齊

左傳吳公札觀于周樂爲之歌齊曰美哉泱泱乎大風也哉表東海者其太公乎國未可量也襄公二十九年

詩含神霧曰齊地處孟春之位海岱之間土地汙泥流之所歸利之所聚律中太簇音中宮角御覽十八　嚴虞惇曰周釐王之元年而齊霸襄王之十年而晉霸又九年而秦霸王降而霸故先齊次唐次秦也

雞鳴　三章

韓詩曰雞鳴讒人也御覽九百四十四　又玉海引韓詩章句曰說人也說當是讒之訛

孔叢子曰於雞鳴見古之君子不忘其敬也記義篇

易林雞鳴失時君子騷憂夬之屯

孫毓曰自哀至襄其間八世未審此詩指刺何公耳按序云哀公此云未審何公緣毛傳未經解爲哀詩也

李善曰雞鳴齊詩冀夫人及君早起而視朝文選註　折中曰雞鳴蠅聲緣想成聲無聞若有聞也日出月光以意造形無見若有見也

匪雞則鳴蒼蠅之聲

薛君章句曰雞遠鳴蠅聲相似御覽九百四十四　璈按韓詩讒人之說薛君注僅存片語似謂蠅聲可亂雞鳴也與青蠅詩旨又異豈視朝戒讒間之言而遠色爲去讒之實詩固曲寓深意歟

魏源曰御覽文選注引韓皆以爲刺讒之詩按列女傳緹縈上書闕下歌雞鳴之詩亦取無罪被讒之意是魯韓說同也　臧琳曰小雅青蠅爲直言此爲婉諷首章欲其審聽次章欲其早視三章明其去就之分

東方明矣朝既昌矣

說文曰東方昌矣昌善言也一曰日光也徐鍇曰東方昌矣卽東方明矣昌明也故晉武帝以東方明時生名曰昌明也

還三章

宋衷曰哀公荒婬田游史作還詩以刺之世本注

子之還兮遭我乎狃之間兮

韓詩曰子之嫙兮嫙好貌釋文　王念孫曰說文嫙好也廣雅同義本韓詩好貌謂之嫙猶美玉謂之璿矣

漢書地理志子之營兮遭我乎嶩之間兮　顏注齊詩作營之往也嶩山名或作狃亦作巙言往適營邱相遇于嶩山也釋文狃崔集注本亦作嶩

水經注曰史記太公封于營邱獻公自營邱徙臨淄營邱者山名也詩所謂子之營兮也淄水篇　錢大昕曰古人讀營如環韓非子蒼頡作書自環謂之厶說文引作自營為厶是也釋邱水出其左營邱郭註謂淄水過其南及東是營邱本取回環之義也

竝驅從兩肩兮

薛君傳曰獸三歲曰肩後漢書馬融傳注

說文曰竝驅從兩豣兮豣豕肩相及者石鼓文作猏

揖我謂我儇兮

韓詩曰揖我謂我婘兮婘好貌釋文　按章潢云首句己譽人也末句人譽己也故韓詩皆以爲好貌　王念孫曰二章言好三章言臧故婘亦同義廣雅婘好也義本韓詩

子之茂兮　子之昌兮

嚴虞惇集注曰昌茂俱齊地讀詩記　璥按漢地理志千乘郡博昌應劭注昌水出東萊昌陽又齊郡臨淄臣瓚注城中有邱卽營邱又齊郡有昌國又史記云營邱邊萊然則昌水出萊而萊

賀與營近此詩之所謂昌與漢志之博昌昌國疑皆以昌水得名矣　范家相曰茂未知何地或曰茂卽[illegible]出之牟牟與茂古字通也　錢大昕曰釋邱徐出其後昌邱其卽此詩之昌與

著三章

俟我於著乎而

漢書注曰著地名卽濟南郡著縣　地理志曰俟我於著乎而齊之風俗舒緩之體也呂祖謙曰班論雖若詩意然王制所云異制異齊異和異味異宜皆學者所當察也詩可以觀其此類歟　鄭樵曰詩備四方之音乎而者齊人語也

充耳以素乎而

盧辯曰人君以黃結充耳大夫用素皆尚以玉也大戴禮注引詩　按毛傳素士服卿大夫以青人君以黃此云大夫用素蓋上可兼下也又詩賦一事無緣分之人君然則當時之卿大夫亦皆僭用黃矣

賈公彥曰紞以懸瑱人君五色臣三色周官疏引詩

尚之以瓊華乎而

王肅曰以美石飾象瑱正義

東方之日二章

薛君章句曰詩人言所悅者顏色美盛若東方之日也高唐賦陸機顏延之詩註　鄒忠應曰日月喻姝子顏色美盛神女賦云其始來也若白日初出照屋梁其少進也皎若明月舒其光同此喻意也

東方之日兮

王肅曰言人君之明盛刺今之昏闇正義　璈按日出月出以昏旦之時言之戴溪云男女相奔不夙則暮無緣擬人君也漢唐樂府東方須臾高知之東方漸高奈樂何斯近詩旨矣

在我闥兮

韓詩曰門屏之間曰闥釋文

東方未明 三章

李尤曰昔在先聖配天垂則分建日官俾立漏刻李尤不虔德衰于茲挈壺失職流刺在詩漏刻銘藝文類聚

賈公彥曰挈壺掌漏刻雞人告期齊是諸侯兼官故挈壺兼告期周官疏引詩

顛之倒之自公召之

荀子曰諸侯召其臣臣不俟駕顛倒衣裳而走禮也詩曰顛之倒之自公召之天子召諸侯諸侯輦輿就馬禮也詩云我出我車于彼牧矣自天子所謂我來矣大略篇

說苑魏文侯封太子擊于中山三年使賜太子衣一襲令以雞鳴時致之太子發篋視衣盡顛倒太子曰趣具駕君侯召我也倉唐不受太子曰詩云東方未明顛倒衣裳顛之倒之自公召之遂西至謁文侯大喜

顛倒裳衣

張九齡曰官爵者天下之公器德望爲先勞舊次焉若顛倒裳衣則譏謗起矣舊唐書本傳 按張氏以顛倒爲賢否之倒置有如邶風綠衣之意雖義屬斷章亦詩人言外之旨也

折柳樊圃

賈公彥曰謂折柳與圃爲樊樊其藩蔽也周官疏

賈勰曰凡作園籬種柳作之者一尺一樹初時斜插插時即編數年長成共相迫蹙交柯錯葉折似房櫳齊民要術 姚炳曰此柳爲藩木之證

南山 四章

南山崔崔

劉帝臣曰南山疑卽孟子所謂牛山水經注牛山一名南郊山天齊淵出焉左思齊都賦云牛嶺鎮其南

雄狐綏綏

玉篇曰雄狐夂夂夂夂行遲貌

賈公彦曰雄狐綏綏走亦曰雄牝雞無晨飛亦曰牝周官疏

葛屨五兩

說苑修文篇曰親迎之禮諸侯以屨二兩加琮曰某國寡小君使奉不珍之琮不珍之屨禮夫人貞女夫人受琮取一兩屨以履女正笄衣裳而命之女拜乃親引其手授夫乎戶　攷按此所逬蓋古逸禮正于歸時事篇中庸止告止得止皆承首章歸止言葛屨五兩宜卽加琮之屨也五多于二或由增多抑屬字譌也

曷又從止

邵光庭曰左傳桓三年公子翬如齊送姜氏于讙讙魯地詩言從止謂從送至讙入于魯地兼明書

衡從其畝

韓詩曰橫由其畝東西耕曰橫南北耕曰由釋文

韓詩傳曰南北曰縱東西曰橫眾經音義　曹粹中曰齊民要術種麻欲得良田耕不厭熟縱橫七徧以上則麻生無葉衡從其畝蓋古法也

禮記橫從其畝鄭注曰橫從橫行治其田也

顏師古曰古之冠也縮縫今也衡縫衡卽橫也匡謬正俗引詩

取妻如之何必告父母

孔叢子曰父母在則宜圖婚若已歿則已之娶必告其廟詩云云嘉言篇　趙士會曰桓娶時父母已歿告廟將事楚子圍所謂告于莊共之廟而來也

眾經音義曰娶妻如之何娶取也

取妻如之何匪媒不得

坊記子云男女無媒不交無幣不相見恐男女之無別也詩云云

班固曰男不自專娶女不自專嫁必由父母須媒妁遠恥防淫佚也（白虎通引詩）

鄭康成曰婚必由媒交接設介紹皆所以養廉恥（士昏禮注引詩）

甫田 三章

宋咸曰大田刺襄公無德而求諸侯猶大田無人終不能穫（法言注）

無田甫田維莠驕驕無思遠人勞心忉忉

揚子法言曰田甫田者莠喬喬思遠人者心忉忉 李

軌註曰雖有喬喬之莠其穀不可得雖懷忉忉之怨遠人不可見

桓寬曰地廣而不耕多種而不耨勞力而無功詩云無田甫田維莠驕驕（鹽鐵論末通篇）

韋曜曰甫田維莠今之狗尾草（毛詩答問御覽九百九十六）

總角丱兮

呂向曰總角童子髻也（文選懷舊賦善注引詩）

突而弁兮

陸德明曰方言云凡卒相見謂之突（釋文）

正義突若弁兮若猶耳也（臧鏞堂曰此與顧若長兮俱作若字唐定本改作而也）

盧令 三章

宋書曰齊侯田獵畢弋百姓苦之（按此不專目襄公也）

盧令令

韓詩盧泠泠董逌詩故詩考引孔叢子犬馬之名因其形色韓盧宋鵲盧黑色鵲白色

說文曰盧獜獜獜健也王楙曰古今呼犬爲盧齊詩有盧令國策有韓盧亦已久矣

白帖盧重令九十八　正義盧鈴鈴廣雅鈴鈴聲也

盧重環

白帖重鐶文選注鐶釧也此殆韓字

其人美且鬈

說文曰鬈髮美也引詩按鬈箋字作權

盧重鋂

說文曰鋂大環也一環貫二者引詩

其人美且偲

說文曰偲强力也引詩

敝笱三章

王肅曰魯桓之不能制文姜猶敝笱之不能制大魚也

正義　陳啟源曰歸止于歸也春秋書齊侯送姜氏于讙則嫁時扈從之盛與文姜之驕逸可知

敝笱在梁其魚魴鰥

焦贛曰敝笱在梁魴逸不禁易林坤之履　郝敬曰鰥陳風河魴齊姜之喻則魴乃姜之比此詩首言魴鰥次言魴鱮鰥鱮皆因魴言之專以魴擬文姜也焦氏舍鰥鱮而專舉魴亦一據也璈按魴爲河魚之美以擬文姜鰥通作鯤鯤與鱮皆魚之小而不美者以擬媵妾從者耳

鄭衆曰梁水偃也偃水爲關孔以笱承其空周官註引詩

賈公彥曰敝笱之在魚梁其魚過者無制喻文姜與襄公淫通往來不制周官疏

太平御覽弊笱在梁其魚魴鯤九百四十　璈按據御覽所引則詩本作鯤後轉作鰥耳　胡文英曰鰥本鰥乃古鯤字後省去弟遂爲鰥耳

其魚唯唯

韓詩曰其魚遺遺言不能制也釋文玉篇遺遺魚行相隨廣韵遺魚盛貌

載驅四章

易林曰襄送季女至于蕩道齊子旦夕留連久處困之訟

簟茀朱鞹

陸德明曰鞹革也釋文

魯道有蕩齊子發夕

韓詩曰發旦也釋文惠棟曰說文禮晨鼓五通爲發明發明猶旦明此發夕猶旦夕也

徐邈曰蕩平易也集韻引詩

垂轡濔濔

釋文垂轡爾爾按詩緝又作瀰瀰

齊子豈弟

爾雅注齊子愷悌釋言愷悌發也

汶水滔滔行人儦儦魯道有蕩齊子遊敖

水經注曰汶水南逕鉅平縣故城城東有魯道詩所謂魯道齊子遊敖也今汶上夾水有文姜臺汶水篇

說文曰儦儦行貌引詩

猗嗟三章

徐幹曰魯莊公容貌善麗且多技藝然而無宏才大智不能以禮防閑其母使與齊侯淫亂不絕馳驅道路故詩刺之中論務本篇程大昌曰木瓜美齊而列于衛猗嗟刺魯而繫諸齊皆本其地之所得也

頎而長兮

正義曰頎若長兮若猶然也史記頎然而長

呂才曰春秋魯桓公六年七月莊公生是生乙亥之

歲建申之月火命七月生當病鄉爲人宜尫弱矬陋今詩譏莊公〔欹〕嗟昌兮頎而長兮美目揚兮巧趨蹌兮此則祿命不驗也舊唐書本傳

美目揚兮

耶光庭曰揚者目開之貌禮記揚其目而視之是也兼明書

猗嗟名兮

玉篇曰猗嗟〔顯〕兮顯眉目閒也集韻同　桂馥曰字又作眳西京賦眳藐流眄注云眳眉睫之間藏琳曰名亦通明檀弓子夏喪其子而喪其明漢郭君碑卜商號咷喪子失名

美目清兮

耶光庭曰清者目中黑白分明如水之清也兼明書

不出正兮

鄭衆曰正所射也康成曰正之言正也今儒家云四尺曰正周官注引詩

展我甥兮

王肅曰據外祖以言也正義　鄭曉曰文姜以桓公三年歸魯至六年九月生子同中間未嘗會襄公故詩言展我甥兮

孫毓曰姊妹之子曰甥謂吾舅者吾謂之甥凡異族之親皆稱甥正義

清揚婉兮

韓詩清揚〔琬〕兮　顧野王曰琬眉目之間美貌玉篇

舞則選兮

韓詩舞則〔纂〕兮　薛君章句曰言其舞應雅樂也文選二京賦注

四矢反兮以禦亂兮

韓詩曰四矢變兮變易也釋文 范家相曰周禮九射各有其儀莊公□射四矢各變其儀也 璥按春秋莊公四□公及齊人狩于禚杜註越竟而與微者狩也蓋禚齊地人則齊之□以下也時公年十七矣其容貌技藝有過乎人者□□狩者之人稱譽之如此猶還之揖我□而我也

班固曰射勝者發近而制遠其兵短而寬長故可以戒難戒不虞也詩云云 白虎通鄉射篇 呂祖謙曰莊公弓矢之精可以禦亂觀其以金僕姑射南宮長萬可見矣

齊國十一篇三十四章

桐城徐璈輯錄

魏第九

左傳吳公子札觀于周樂爲之歌魏曰美哉渢渢乎大而婉險（注當作儉）而易行以德輔此則明主也（史記作盟主　襄公二十九年）

詩含神霧曰魏處季冬之位土地平夷（御覽二十六）

水經注曰故魏國在河之北城西南二面並去大河可二十餘里北去首山一十許里處河山之間土地迫隘（河水篇）

成伯璵曰魏爲晉獻公所滅晉滅同姓見貶故升魏于晉之上（毛詩指說）

葛屨二章

摻摻女手

韓詩纖纖女手　薛君章句曰纖纖女手之貌（文選古詩注）

李周翰曰纖纖細貌（文選十九首詩註引詩）

說文曰攕攕女手攕攕好手貌

好人提提

王逸曰好人媞媞媞媞好貌（楚詞招魂注　璈按釋訓媞媞安也是三家本作媞雅訓同之）

鄭康成曰提提安舒貌（禮記注引詩）

楊倞曰提提舒緩之意（荀子引詩註）

顏師古曰提提音義同姼姼好貌也（漢書敘傳注）

說文繫傳好人褆褆白帖褆同

宛然左辟

說文宛如左僻盧文弨曰考文云古本作宛然左僻

汾沮洳　三章

匡衡曰晉侯好儉而民畜聚漢書本傳　范處義曰此疑爲晉詩蓋汾出于晉公族見于左傳亦爲晉官也

彼汾沮洳

張銑曰沮洳泉泥相和貌文選三都賦注引詩

殊異乎公路

孔穎達曰主君路車謂之公路主車行列謂之公行左傳宣公二年疏

彼其之子美如英美如英殊異乎公行

韓詩外傳曰君子盛德而卑虛己而受人雖在下位民願戴之詩云彼已之子四句　琳按外傳釋此及下章義皆以盛德之君子雖處下位超然有異于衆非上品世族所可及蓋韓家說詩之旨甚明非泛引詩語也

美如玉美如玉殊異乎公族

韓詩外傳曰君子盪盪乎其義不可亂嗛乎其廉不可劌溫乎其仁厚之寬大超乎其有以殊于世也故曰美如玉云云魏源曰推傳語以釋此詩則是嘆沮澤之閒有賢人隱居在下者其才德實高出乎在位之人公行公族公路世家子弟無材在位賢者不必用而用者不必賢也詩義折中曰周室東遷政逮大夫而卿皆世及魏有公路公行公族之官而越在草莽者雖美如英玉不得進用也

園桃　二章

園有桃其實之殽

高誘曰園有樹桃畜果曰園呂氏春秋注

鄭志答張逸曰稅法有常不得薄今魏君不取于民唯食園桃而已非徒薄于十一故刺之瓛按儀禮注凡骨有肉曰殽楚詞注魚肉曰殽食六食皆豆實也桃與棘皆籩實也今以桃棘之實充殽食之用則是物產窮匱庖廚不供地狹勢偪憂深者華矣

我歌且謠

韓詩章句曰有章曲曰歌無章曲曰謠初學記宋載埼曰無章曲謂無琴瑟也

廣韻曰我歌且繇繇喜也

陟岵 三章

焦氏易林陟岵望母役事不已王政靡盬不得相保之泰

否曾鞏曰後世任使不均或苦于征役而不得養其父母則有北山之感鴇羽之嗟或行役不已而父母兄弟離散則有陟岵之思詩人皆推其意見于國風

陟彼岵兮瞻望父兮

施士丐曰山無草木曰岵所以言陟彼岵兮無可怙也以其無草木故以譬之唐嘉話錄韓集注

白岵陟彼岵矣瞻望父矣段玉裁曰岵以父言故無父何怙屺以母言故無母何恃也 李樗曰狄仁傑授并州法曹親在河陽仁傑登太行山顧見白雲飛謂左右曰吾親舍其下瞻望久之雲移方去與詩同意

嗟予子行役

韓詩說曰年二十行役三十受兵六十還兵周官禮記疏

陟彼屺兮

爾雅疏陟彼峐兮爾雅釋山多草木岵無草木峐王肅解依此 詩考

猶來無棄

爾雅注輶來無棄釋詁輶肯可也注

十畝之間 二章

酈道元曰汞樂澗水出于薄山南流逕河北縣城故魏國也在河之北處河山之間土地迫隘故魏風著十畝之詩也水經注河水篇

桑者閑閑兮

郭璞曰桑者採桑者也穆天子傳註引詩國風省編曰桑者桑婦也閑閑麗也

古帖桑柘閑閑又十畝桑柘盡趨南陌之功

桑者泄泄兮

唐石經桑者洩洩兮

李翱曰詩憂心悄悄慍于羣小此非對也遘閔既多受侮不少此非不對也菀彼柔桑其下侯旬捋采其劉瘼此下人此非易也十畝之間兮桑者閑閑兮行與子旋兮此非難也古之人能極于工不知其辭之對與否難與易也文粹八十五

伐檀 三章

孔叢子孔子曰于伐檀見賢者之先事後食也記義篇

張揖曰伐檀刺賢者不遇明王也文選上林賦注

大周正樂曰伐檀操者魏國女之所作也賢者隱蔽素飧在位閔傷怨曠失其嘉會御覽五百七十八

顏師古曰伐檀刺不用賢也漢書王吉傳注

坎坎伐檀兮

王逸曰勤身修德樂伐檀也楚詞九辨注

河水清且漣猗

劉逵曰風行水上成文曰漣漪文選蜀都賦注引詩

三百廛兮

陸德明曰廛亦作壥古者一夫之田百畝別受都邑五畝之地居之故孟子云五畝之宅是也釋文　錢澄之曰易其邑人三百戶論語駢邑三百蓋下大夫食邑制也

有縣貆兮

劉楨詩義問曰貉子曰貆貆狀與貉類異初學記

不素餐兮

薛君章句曰素者質也素餐者質人但有質朴而無治民之材尸祿者頗有所知善惡不明默然不語苟欲得祿而已譬如尸焉文選舞賦求自試表注

王逸曰不素餐兮不空食祿而曠官也楚詞注

趙岐曰無功而食謂之素餐孟子註　黃櫄曰詩言君子有其功而無其祿小人有其祿而無其功也

寘之河之側兮

漢地理志曰魏國姬姓在晉之南河曲故曰寘之河之側

不素食兮

董仲舒曰不素食者先其食後其事謂之治身也春秋繁露

坎坎伐輪兮

石經歈歈伐輪兮隸釋魯詩殘碑　瑊按廣雅歈歈聲也謂伐輪之聲蓋魯家之義也

寘之河之漘兮

釋文寘之河之脣兮易緯注同

河水清且淪猗

韓詩曰順流而風曰淪淪文貌釋文　薛君章句曰從流

而風曰淪 文選月賦注

爾雅注河水清且瀾漪 詩攷 盧文弨曰郭作瀾陸作灡釋文猗亦作漪

有縣鶉兮

莊子曰吾未嘗好田而鶉生于宎若勿怪何耶此與詩語意同也

不素飧兮

列女傳曰無功而受祿不爲也 引詩

王充曰素者空也空虛無德飡人之祿故曰素飡 論衡量知

鄭康成曰食不備禮曰飧 儀禮注引詩

陸德明曰字林云飧水澆飯也 釋文

劉向曰天地四方者男子之所有事也必有意其所有事然後敢食穀故曰不素飡兮此之謂也 說苑修文篇

王吉曰今使俗吏得任子弟率多驕驁不通古今至于積功治人無益于民此伐檀所爲作也 漢書本傳

曹植曰君無虛授臣無虛受虛授之謂謬舉虛受之謂尸祿素餐之詩所由作也 本集求自試表

紀瞻曰先王身下白屋搜揚仄陋使山無扶蘇之才野無伐檀之詠 晉書本傳

碩鼠 三章

桓寬曰德惠塞而嗜欲衆君奢侈而上求多民困于下急于公事是以有履畝之稅碩鼠之詩作也 鹽鐵論取下篇

顧廣圻曰此當出三家詩之序公羊傳云稅畝者履畝而稅也又云什一行而頌聲作矣正爲碩鼠詩而言

王符曰履畝稅而碩鼠作 潛夫論班祿篇

碩鼠碩鼠

詩義疏許愼曰今之河東有碩鼠大能人立善鳴食人

禾稼魏今河東河北縣也詩言其方物宜謂此鼠藝文類聚

樊光曰碩鼠五技之鼠也爾雅注引詩正義易林碩鼠四足飛不上屋亦謂五技鼠也

鄭氏易鼫鼠鼫鼠易正義

逝將去女適彼樂土樂土樂土

孫盛曰言去亂邦就有道也魏志袁紹傳注引詩

韓詩外傳適彼樂土適彼樂土二章適彼樂國適彼樂國同

新序田饒事魯哀公而不見察遂去之燕燕立以爲相三年燕政太平國無盜賊哀公聞之慨然太息曰不慎其前而悔其後何可復得詩云云逝將去汝四句此之謂也雜事篇

三歲貫汝

魯詩三歲宦女石經惠棟曰貫徐邈音官即宦字之誤國語入宦于吳韋注宦爲臣隸也

莫我肯勞

呂氏春秋莫我肯逃按字作逃者謂任以役事而莫令避如孟子不目逃義也

適彼樂郊樂郊樂郊

新序適彼樂郊適彼樂郊首章適彼樂土適彼樂土同盧文弨曰重上句者是古本後人或以今詩改之

甄鸞曰亶父以棄寶得民碩鼠以受財失衆魏書本傳

辛雄曰庸劣之人莫不貪鄙委斗筲以共治之重托碩鼠以百里之命北史本傳

呂氏春秋甯戚欲干齊桓公飯牛居車下望桓公而悲擊牛角疾歌舉難篇 高誘註歌碩鼠也其詩曰碩鼠碩鼠無食我黍云云高氏全載此詩三章王應麟曰三齊記載甯戚歌所謂

南山矸自石爛者是也今高以爲歌碩鼠未知何據
璈按樂府所載南山歌殆漢人依託之詞不類周人之詩也戚在齊位卑業污有宦三年不見知之意故歌此詩以聞于齊桓此詩亦先戚百年而作故戚得歌之也 又後漢書馬融傳注引說苑曰甯戚飯牛于康衢擊車輻而歌碩鼠 梁處素曰今說苑善說篇作擊車輻而歌顧見桓公得之顧見字當是碩鼠之譌

魏國七篇十八章

魏國七篇十八章

[illegible]

敬業堂經解〈詩經演　國風　魏〉八

詩經廣詁　國風

敬躋堂經解

桐城徐璈輯錄

唐第十

左傳吳公子札觀于周樂爲之歌唐曰思深哉其有陶唐氏之遺民乎不然何憂之遠也非令德之後誰能若是襄公二十九年

漢書地理志曰河東本唐堯所居詩風唐魏之國也成王滅唐而封叔虞唐有晉水其子燮爲晉侯其民有先王遺教君子深思小人儉陋臣瓚注所謂唐今河東永安是也去晉四百里酈道元曰子夏序詩稱此晉也而謂之唐儉而用禮有堯之遺風也

詩緯含神霧曰唐地處孟冬之位得常山太岳之風音中羽其地磽确而收故其民儉而好畜此唐虞之所以

起御覽二十六

蟋蟀三章

孔叢子孔子曰於蟋蟀見唐虞儉德之大也記義篇

班固曰唐詩蟋蟀山樞之篇皆思奢儉之中念死生之遽漢書地理志

薛綜曰蟋蟀刺儉也文選二京賦注

文選注詩敘曰刺晉懷公也舞賦注

歲聿其莫

薛君章句曰聿辭也莫晚也言君之年歲已晚也文選江賦詠史詩陸機詩王儉集敘注　按薛君之訓與漢詩人生不滿百去者日已多之意蟋蟀在堂非復在野之時矣因所見以傷遲暮不第紀候也　范家相曰猶云老冉冉其將至勸其及時爲樂也

無已大康

爾雅疏無以太康

職思其居

王肅曰其居言思以禮樂自居也其外言思無越于禮樂也其憂言荒則憂也正義 瑊按傳于次章以禮樂言箋于首章以禮言王氏則通三章皆以禮樂言矣君子之于禮樂不斯須去身故曰其居也

役車其休

韓詩說曰古者必有命車民有能敬長懷孤取舍好讓者命于其君然後飾車駢馬未得命者不得乘車乘皆有罰故其民雖有錢財侈物而無禮義功德卽無所用其錢財故其民皆興仁義而賤不爭貴强不淩弱衆不暴寡是唐虞之所以象典刑而民莫敢犯也 御覽六百三十七

好樂無荒良士休休

列女傳楚子發之母曰好樂無荒良士休休言不失和也夫使人入于死地而自康樂于上雖有得勝非其術也 楚子篇 瑊按休休當爲閒暇和豫之意傳引詩謂當此時不獨君康樂于上卽庶人之役車可息而良士亦宜遂其暇豫之樂矣蓋魯家之說然也

左傳鄭七子享趙孟于垂隴印段賦蟋蟀趙孟曰善哉保家之主也吾有望矣 襄公二十七年

傅毅賦曰哀蟋蟀之局促 文選舞賦

山有樞 三章

司馬遷曰當共和之時成侯曾孫僖侯甚嗇愛物儉不中禮國人閔之唐之變風始作 史記晉世家

馬融曰蟋蟀山樞之人並刺國君諷以太康馳驅之節 後漢書本傳

薛綜曰詩刺晉僖公不能及時以自娛樂文選二京賦注

山有樞

魯詩山有蓲隸釋石經殘碑　郭璞曰蓲今之刺榆爾雅注何楷曰樞榆有蠶桑中穀材以與下文衣裳車馬漆栗供籩實成樂皆以與下文酒食琴瑟栲全天年杻號萬檍亦與下文長保之意關合　璈按詩言山有隰有與起子有所指之物自非泛及二章栲杻以有考擊之義杻爲萬年枝殆宮庭之嘉植歟

弗曳弗婁

馬融曰婁牽也正義

韓詩外傳弗曳弗屢　玉篇弗曳弗摟

宛其死矣

釋文苑其死矣

他人是愉

漢書它人是媮　顏注媮樂也當爲他人所樂也

後漢書注他人是偷馬融傳　釋文愉鄭作偷

弗鼓弗考

文選注弗擊弗考臧琳曰毛傳考亦擊也唐以前本原作弗擊

子有酒食何不日鼓瑟

魯詩傳曰天子食日舉樂諸侯不釋懸大夫士日琴瑟公羊傳注引

石經胡不日鼓瑟許瀚曰漢熹平石經詩尊魯詩而附以齊韓之說又別寫毛詩四家之詩具焉

揚水三章

史記文侯子昭侯立封文侯弟成師于曲沃號爲桓叔

靖侯庶孫欒賓相之桓叔是時年五十八矣好德晉國

之泉皆附焉（晉世家　左傳惠之二十四年封桓叔于曲沃惠之三十年晉潘父弒昭侯而納桓叔不克晉人立孝侯）

揚之水

酈道元曰涑水出黍葭谷西南逕故曲沃水流湍急輕津無緩渡故詩人以爲激揚之水不能流移束薪耳（水經注河水篇　按酈氏以揚水爲涑川然所引不流束薪則王鄭詩之詞蓋在晉者爲涑水在王鄭者別有所指其訓揚爲激揚與箋義同矣）

太平御覽（揚之水）（臧鏞堂曰隸釋載漢石經唐風作揚　璈按漢書揚雄傳揚在河汾之間周衰而楊氏或稱號曰楊侯晉灼注晉大夫食采於楊爲楊氏然則字从楊者當亦爲楊地所出所出之水與王風同義也）

素衣朱襮

孔穎達曰素衣朱襮桓叔大夫得用素衣者國人以國君之禮待之故也（禮記疏）

易林揚水潛鑿使石絜白衣素表朱戲遊皋沃得君所願心志娛樂（否之師　王念孫曰易林訓襮爲表與毛異殆本于三家也又高誘呂覽注襮表也與易林同　璈按漢書敘傳張修襮而內逼師古注襮表也亦同）

素衣朱繡

魯詩曰素衣朱綃綃綺屬也（儀禮士昏禮註）鄭康成曰綃繒名也（禮記郊特牲註）

賈公彥曰綃衣與純衣同是褖衣用綃爲領因名又素衣朱襮爾雅褊領謂之襮襮既爲領明朱綃亦領可知（儀禮疏）

儀禮注素衣朱宵（特牲饋食禮）

從子于鵠

酈道元曰晉武公自晉陽徙左邑即曲沃所謂從子于

鵠也水經注 璈按史記武公滅晉始都晉國不云遷曲沃也此詩舊解多以爲桓叔鄭云武公亦未知本何家也

白石粼粼

釋文白石〔磷磷〕璈按磷從石以石言磷磷然其質堅峻勢不可犯亦晉與曲沃强弱之異形也

我聞有命不敢以告人

左傳定公十年郈馬正侯犯以郈叛武叔懿子圍郈弗克叔孫謂郈工師駟赤曰郈非唯叔孫之憂社稷之患也將若之何對曰臣之業在揚水卒章之四言矣叔孫稽首乃謂侯犯以郈易于齊齊師至侯犯奔齊嚴粲曰命桓叔篡晉之謀也諸家皆謂國人助之而匿其情夫既聲之于詩以颺于君安在其爲匿之也故言不敢以告人者乃所以告昭公言我聞有命者又以見其事已成禍至甚迫也 璈按曲沃之將滅晉猶齊師之將取郈所謂有命也不敢告者若欲秘之實爲泄之嚴氏之釋正以伸駟赤引詩之意矣

惠氏詩說水中之石鑿鑿然言見之審不能掩也有命我聞不敢以告則直指而明言之矣言何不樂又言何其憂皆抑揚其詞以見意泄其謀懼不能免其禍則假爲喜樂于桓叔之前蓋其情迫而其詞危矣

陳櫟曰命謀也蓋謀由自上其下視之謂之命也

段玉裁曰荀子臣道篇引詩曰國有大命不可以告人妨其躬身卽揚水之三章也此詩前二章皆六句獨末章四句恐傳寫者有脫誤

〔椒聊〕二章

潘岳賦曰升曲沃而惆悵惜兆亂而兄替枝末大而本披都耦國而禍結文選西京賦 璈按此賦用左氏之詞而詩意亦隱括于內椒蕃條遠末大必折之漸也椒條不材本弱必披之形也碩大無朋耦國兆亂之勢也蓋桓叔非武傳世數君其所由來者久矣

椒聊之實蕃衍盈升

王逸曰椒聊香草也楚詞注

應劭曰皇后稱椒房取其蕃實之義也漢書注漢官儀引詩

漢舊儀曰（蔓）延盈升美其繁興也文選景福殿賦注

王肅曰種一實蕃衍盈一升也正義

崔靈恩集註曰古者爲升上徑一寸下徑六分其深八分讀詩記

陸德明曰椒木名聊辭也釋文 阮元曰箋以椒釋聊爾雅朻者聊朻即椒也樧 按爾雅聊義郭註未詳當如阮說又椒榝醜莍則椒亦作莍皆朻之或字聊之轉也

白帖（繁）衍盈升十八 一切經音義（蕃）延盈升

碩大無朋

孫毓曰無比例也釋文

遠條且

考文遠（脩）且 按字作脩爲長義音讀如脩與聊亦爲韻也

碩大且篤

說苑曰士欲立義行道毋論難易而後能行之立身著名無顧利害而後能成之詩曰彼其之子碩大且篤非良篤修激之君子其誰能行之哉立節篇 璈按楚詞申椒椒糈皆以椒爲芳香之物與蘭茝並擬君子今玩說苑外傳之辭則是韓魯二家之訓有如衛風淇奧之旨矣

韓詩外傳子路曰士不能勤苦不能輕死亡而曰我行仁義吾不信也昔比干且死而諫愈忠夷齊餓于首陽而志愈彰詩云彼其之子碩大且篤非篤修身行之君子其孰能與于斯哉 何楷曰推韓傳之意則是指當時晉之忠臣不入沃黨者言其抱耿介大節無朋黨之私而有純篤之忠也

石經（實）大且篤永懷堂本集傳本同

綢繆 三章

三星在天

王肅曰謂十月也正義

今夕何夕

孔穎達曰說苑鄂君與越人同舟越人擁楫而歌曰今夕何夕兮得與搴舟水流今日何日兮得與王子同舟歌意嘉美此夕引詩斷章也正義璥按詩意嘉美此夕與越歌同孔云斷章不欲顯異傳箋也

見此邂逅

韓詩曰見此邂覯邂覯不固之貌釋文范家相曰卒然幸遇不可久長故曰不固璥按不固猶語云不自禁不自持皆以明慶幸之甚也

見此粲者

廣韻曰見此嫢者女三為嫢惠棟曰說文作妏妏美也

杕杜 二章

詩義折中曰沃之桓叔莊伯以晉無兄弟而取其國乃獻公又忌桓莊之子孫而戮之文公以後中軍執政不用公族卒為六卿所分遠兄弟而親他人後先相望也

有杕之杜

顏氏家訓曰杕江南本皆木旁施大傳曰杕獨貌也說文曰杕樹貌也音次第之第而河北本皆為夷狄之狄讀亦如之此大誤也書證篇

釋文有狄之杜御覽同郭忠恕曰河北毛詩本多作狄

其葉菁菁

釋文其葉青青璥按青青者其色鬱葱也前言湑湑露之濡潤也蓋杜葉得濡潤而益青葱矣

獨行瞏瞏

說文曰瞏目驚視也引詩曹粹中曰獨行多懼故瞏瞏也

李善曰獨行煢煢煢煢獨也文選思元賦注

豈無他人不如我同姓

子華子曰昔者軒轅二十五宗姬姓之封者七十今齊自襄桓以來斬斬焉朝無公族野無公田帶甲橫兵挾轂而能戰非公士也結綴纚纚位列而藉居非公臣也公族之子若孫散而之于四方惟童隸是伍於詩有之豈無他人不如我同姓何以是踽踽而臨於人上也何焯曰晉獻公懲曲沃之不兩大而去桓莊之族其後並廢公族公行之官此詩其作于成公之後乎

羔裘 二章

葉酉曰此怨其故人達而在上不相存恤者之詩

自我人居居

陸德明曰爾雅曰居居究究惡也瓛按荀子子路盛服見孔子子曰由是裾裾何也汝服既盛顏色充盈天下孰肯諫汝矣此詩居居當即同裾裾言但盛其服飾而聲音顏色有距人千里之意也又史記陳涉為王涉故人嘗與傭耕者見涉殿屋帷帳曰夥涉之為王沈沈者居居究究猶沈沈之義蓋昔無今有可為駭訝也

羔裘豹褎

釋文羔裘豹褏

鴇羽 三章

王質曰詩以種藝為辭蓋農民而從王事者

父母何嘗

韓詩外傳曰昔者聖王不出戶而知天下矣以己之情

量之也已惡饑寒知天下之欲衣食也已惡勞苦知天下之欲安佚也詩曰不能蓺稻粱父母何嘗

無衣 二章

史記晉世家晉哀侯二十八年曲沃武公伐晉滅之盡以其寶器賂獻周釐王王命武公爲晉君列爲諸侯武公穆侯曾孫桓叔孫莊伯子也自桓叔初封曲沃以至武公滅晉凡六十七歲而卒代晉爲諸侯 按竹書釐王三年曲沃武公滅晉王命武公以一軍爲諸侯史記年表在釐五年當魯莊公十五年 王應麟曰無衣非美晉蓋閔周也自釐王命曲沃伯爲晉侯而篡臣無所忌憚矣

豈曰無衣六兮

賈公彥曰天子之卿以六爲節言六兮者以晉侯入爲王卿謙不敢必當七命之服 周官疏

安且燠兮

釋文安且奧兮 嚴粲曰五代劉仁恭謂梁使者曰旌節吾自有之但要長安本邑耳與詩言同也

杕杜 二章

邱光庭曰詩言武公既已寡特而無德以及人故君子不肯適我亦如杜樹既寡特而生于道旁無休息之所故人不來也 兼明書

噬肯適我

韓詩曰逝肎適我逝及也 釋文 璈按公羊傳及猶汲汲也卒及見君子而肯適我以飲食之好賢之意良殷矣

生于道周

韓詩曰周右也 釋文 璈按對道左言之故周爲右也

葛生 五章

易林曰葛生蒙棘華不得實讒佞爲政使恩壅塞（師之中孚）
班固曰葛生之篇念生死之遽（漢書地理志）
劉孝標曰晉獻公好攻戰國人多喪（世說注）
錦衾爛兮
王肅曰見大齋物感以增思（正義）
宋書錦衾〔有〕爛（謝靈運傳注）
江淹賦曰美人不見紫錦衾黃泉應至何所禁（藝文類聚）
范祖禹曰枕粲衾爛則其嫁未久也琡按潘岳詩展轉盻枕席長簟竟空牀與此語意同也
世說袁羊詣劉惔惔在內眠未起袁因作詩調之曰
角枕粲文茵錦衾爛長筵劉甚銜之（琡按此詩如袁羊之句爲褻也）
喪夫之詞如文通之賦又似夫悼亡其婦之作然篇中曰野曰域曰居室皆賦其所見要爲既喪已葬之辭故言予美之喪亡而在此居此室誰所與乎惟獨處獨息獨旦而已百歲之歸則本皦日之貞以終同穴之義嚴氏云誓死無他志見唐風之厚矣

歸于其居
顏師古曰言死當歸于墳墓不能復爲樂也（漢書注）
〔采苓〕三章
王符曰背宗族而采苓（一作蘩綤）（潛夫論）陸奎勳曰首陽東齊所隱篇中三呼首陽其刺晉侯之信讒而易樹歟
采苓采苓
陸德明曰苓卽甘草葉似地黃（釋文）
說文采〔蘦〕（何焯曰古苓字與蓮通文選七發蔓草芳苓七啓搴芳苓之巢龜李註並云古蓮字蓮爲澤草而求之山巓豈可信哉）
人之爲言
釋文人之〔僞〕言（正義曰定本作僞言）

唐風十二篇三十三章

唐風十二篇三十三章